Ellen Kraft

Schriftliche Subtraktion – Zahlenraum bis 1000

Motivierende Übungen für den Mathematikunterricht

PERSEN

Die Autorin

Ellen Kraft hat Lehramt für die Grund- und Förderschule studiert, arbeitet als Förderschullehrerin in Niedersachsen und ist Autorin zahlreicher Veröffentlichungen beim Persen Verlag.

Gedruckt auf umweltbewusst gefertigtem, chlorfrei gebleichtem und alterungsbeständigem Papier.

1. Auflage 2019

Illustrationen: Rebecca Meyer
Satz: Satzpunkt Ursula Ewert GmbH, Bayreuth

ISBN: 978-3-403-20340-7

www.persen.de

Inhaltsverzeichnis

Digitales Zusatzmaterial
Lösungen
Leerformate

Einleitung

Die schriftlichen Verfahren der Addition und Subtraktion sind wichtige Bestandteile des Mathematikunterrichtes. Sie werden in der Literatur als altes Kulturgut bezeichnet, das einen wichtigen Beitrag zum Verständnis unseres Zahlensystems und erste Einsichten in algorithmische Verfahren leistet.

In den Intentionen des Lehrplans ist die schriftliche Subtraktion für die dritte Klassenstufe der Grundschule vorgesehen. Die Schüler[1] sollen am Ende des Schuljahres im Dezimalsystem schriftlich subtrahieren können und das Verfahren geläufig beherrschen. Neben der inhaltsbezogenen Kompetenz sollen sie die Möglichkeit erhalten, prozessbezogene Kompetenzen zu erwerben – mathematische Probleme lösen, verbalisieren und kommunizieren.

Theoretische Anmerkungen

Bei der schriftlichen Subtraktion unterscheidet man zwischen zwei unterschiedlichen Verfahren: das Ergänzungs- und das Abziehverfahren. Die Unterschiede ergeben sich zum einen durch die Art, wie die Differenz der einzelnen Stellenwerte ermittelt wird, und zum anderen durch den Umgang mit notwendigen Überträgen, wenn die Ziffer im Minuend kleiner ist als die Ziffer im Subtrahend. Laut Lorenz und Radatz treten beim Ergänzungsverfahren deutlich mehr Fehler auf als beim Abziehverfahren. Zudem wird dieses Verfahren, ob über Erweitern oder Auffüllen von vielen Kindern häufig nicht verstanden.

Beim Blick über den Tellerrand wird deutlich, dass das Abziehverfahren in den meisten europäischen Ländern bevorzugt wird. In Deutschland hat die Kultusministerkonferenz (KMK) die Wahl des Verfahrens inzwischen freigestellt. In der Fachliteratur ist eine deutliche Tendenz zum Abziehverfahren mit Entbündeln zu beobachten. Hier werden folgende Vorzüge genannt:

- handelndes Erarbeiten des Verfahrens
- Sachaufgaben beruhen meist auf dem Wegnehmen, also Abziehen.
- Das Abziehen bei der Subtraktion naheliegender.
- Reduzierung der Fehler durch Verwechslung mit der Addition
- analoge Schreib- und Sprechweise

Inzwischen ist das Abziehverfahren auch in den Schulbüchern das am weitesten verbreitete Verfahren.

Didaktische Anmerkungen

Die Erarbeitung des Abziehverfahrens sollte mit Zehner-Systemblöcken erfolgen, damit die Schüler die Notwendigkeit des Wechselns und Entbündelns erkennen.

Aufgrund der stellengerechten Notation ist darauf zu achten, dass die Kinder in Kästchenpapier schreiben. Aufgaben, bei denen die Übertragungszahlen hinsichtlich ihrer Zugehörigkeit zur Aufgabe überprüft werden sollen, unterstützen das Aufschreiben der Übertragungszahlen.

Alle Aufgaben sollten ohne Taschenrechner gelöst werden, da sich die Rechenanforderungen bei den einzelnen Schritten auf das kleine Einsminuseins bzw. kleine Einspluseins beschränken.

[1] Wir sprechen wegen der besseren Lesbarkeit im weiteren Text von Schülern in der verallgemeinerten Form. Selbstverständlich sind auch alle Schülerinnen gemeint.

Einleitung

Aufbau des Materials

Es ist in vier Kapitel mit aufsteigendem Anforderungsniveau aufgebaut. Es umfasst 55 Seiten, die das Kennenlernen des Algorithmus, produktive Übungen sowie die Anwendung des Verfahrens in Sachsituationen beinhalten. Jedes Kapitel enthält jeweils zwei Tests in zwei Differenzierungsstufen.

In Kapitel 1 wird an die Vorkenntnisse der Schüler angeknüpft bzw. die nötigen Voraussetzungen für das Abziehverfahren gesichert. Dazu gehören:

- Verständnis für das Entbündeln
- Verständnis der Stellenwertschreibweise
- Übung zur Zahldarstellungen
- Kenntnis der Rundungsregeln
- Kenntnis der Grundaufgaben der Addition und Subtraktion im Zahlenraum bis 20

Die Kapitel 2 bis 4 bieten diverse Übungsaufgaben zum Automatisieren des Abziehverfahrens. Hierbei werden mögliche Schwierigkeiten frühzeitig berücksichtigt: Aufgaben bei einer Null im Minuend oder Subtrahend, Aufgaben mit unterschiedlicher Stellenzahl.

Zudem bieten die Kapitel Übungsformate, die mathematische Entdeckungen fördern und ermöglichen. Dazu gehören:

- Zahlenmuster und -strukturen erkunden und Zusammenhänge erkennen
- Spiegelzahlen erkennen und selbstständig Aufgaben mit Spiegelzahlen bilden
- Klecks- und Lückenaufgaben zum Erkennen von „Rückwärtsaufgaben“
- Zahlenmauern
- Fehlerfinden

Auf den Übungsseiten können die Schüler zügig ihre Ergebnisse mit den Lösungen vergleichen. Die Lösungen der übrigen Aufgaben finden Sie im digitalen Zusatzmaterial.

Kennzeichnung des Materials

Die Arbeitsblätter sind mit den unten angeführten Symbolen gekennzeichnet, mit denen Sie schnell die Intension der Inhalte bestimmen können.

Symbole

Aufgaben zum Wiederholen	Rechne die Aufgabe im Heft.[2]
Aufgaben zum Üben	Nutze zum Lösen einen Notizzettel.
Aufgaben für mathematische Entdeckungen	Finde die richtige Lösung.
Aufgaben zum Überprüfen des Wissens	

[2] Für Aufgaben, die mit diesem Piktogramm gekennzeichnet sind, können auch die Leerformate im Zusatzmaterial genutzt werden.

Vorbereiten und wiederholen

1 Wie heißt die Zahl? Schreibe sie in die Stellentafel.

10 E gleich **1 Z**
10 Z gleich **1 H**
10 H gleich **1 T**

a) 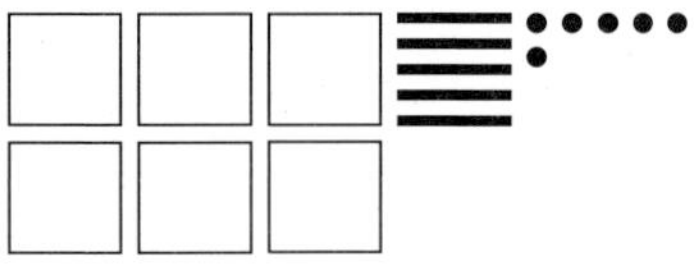

H	Z	E

b) 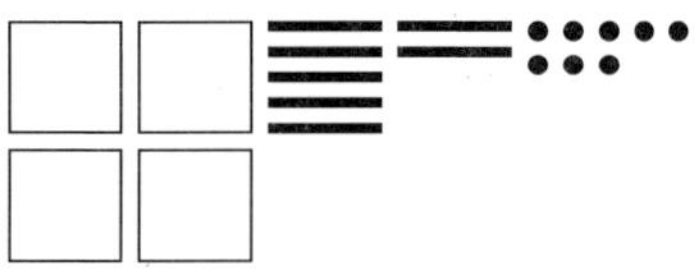

H	Z	E

c) 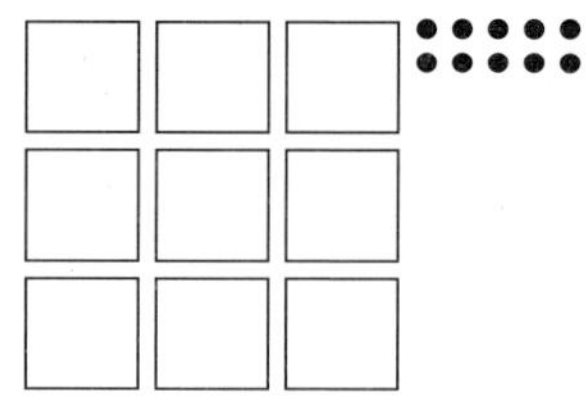

H	Z	E

d) 

H	Z	E

e) 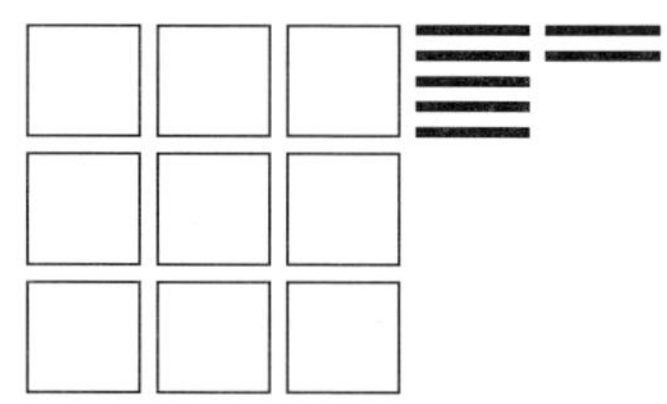

H	Z	E

f) 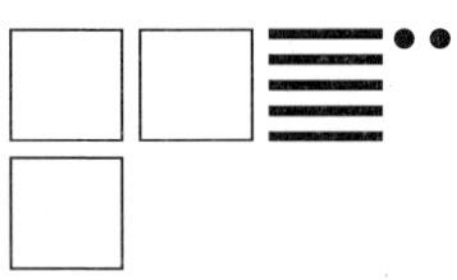

H	Z	E

g) 

H	Z	E

2 Kreuze die richtige Zahl an.

a) 4 **H** 1 **E**
- ☐ 410
- ☐ 41
- ☐ 401

b) 3 **Z** 5 **H** 2 **E**
- ☐ 352
- ☐ 532
- ☐ 325

c) 7 **E** 0 **H** 4 **Z**
- ☐ 74
- ☐ 47
- ☐ 704

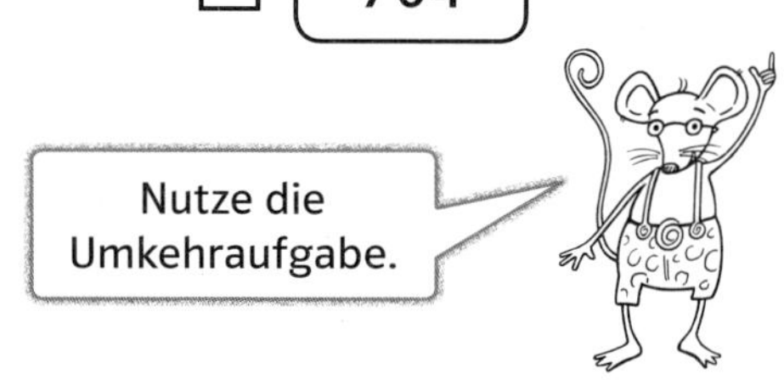

3 Löse die Kopfrechenaufgaben.

a) 7 + 6 = ___
13 − 6 = ___
13 − 7 = ___

b) 8 + 7 = ___
15 − 7 = ___
15 − 8 = ___

c) 9 + 7 = ___
___ − 7 = ___
___ − 9 = ___

d) 8 + 9 = ___
___ − 9 = ___
___ − 8 = ___

Vorbereiten und wiederholen

1 Vervollständige die Zahlenposter.

283

H	Z	E
2	8	3

2 H 8 Z 3 E

282 = 200 + 80 + 3

a) **741**

H	Z	E

___ H ___ Z ___ E

___ = ___ + ___ + ___

b) **840**

H	Z	E

___ H ___ Z ___ E

___ = ___ + ___ + ___

c) **118**

H	Z	E

___ H ___ Z ___ E

___ = ___ + ___ + ___

d) **502**

H	Z	E

___ H ___ Z ___ E

___ = ___ + ___ + ___

e) **999**

H	Z	E

___ H ___ Z ___ E

___ = ___ + ___ + ___

2 Ergänze die Tabellen.

a)

−	5	3	
10			6
11			7
12			8

b)

−	4	6	
12			3
13			4
14			5

c)

−	7	9	
14			6
15			7
16			8

Vorbereiten und wiederholen

1 Trage die Zahlen in die Stellentafel ein.

a) 5 **H** 8 **Z** 2 **E**
b) 6 **Z** 3 **H** 1 **E**
c) 4 **E** 8 **H**
d) 7 **Z** 2 **H** 1 **E**
e) 9 **Z** 3 **E**
f) 1 **T** 1 **E**
g) 6 **H** 1 **E**
h) 5 **E** 8 **H**
i) 1 **T** 5 **E** 1 **Z** 9 **H**
j) 6 **Z** 1 **T** 4 **E**

	T	H	Z	E
a)				
b)				
c)				
d)				
e)				
f)				
g)				
h)				
i)				
j)				

2 Zerlege die Zahlen.

a) 457 = 400 + 50 + 7
891 = ___ + ___ + ___
639 = ___ + ___ + ___
509 = ___ + ___ + ___

b) 784 = ___ + ___ + ___
430 = ___ + ___ + ___
235 = ___ + ___ + ___
590 = ___ + ___ + ___

3 Löse die Kopfrechenaufgaben.

a) 9 + 3 = ___
12 − 9 = ___
12 − 3 = ___

b) 8 + 5 = ___
13 − 8 = ___
13 − 5 = ___

c) 9 + 6 = ___
___ − 6 = ___
___ − 9 = ___

d) 9 + 7 = ___
___ − 7 = ___
___ − 9 = ___

4 Markiere die richtige Ergebniszahl.

a) 10 − 5 = 8 | 5 | 7
11 − 2 = 6 | 8 | 9
11 − 3 = 8 | 10 | 9
12 − 4 = 8 | 7 | 9
12 − 5 = 9 | 7 | 8

b) 14 − 7 = 8 | 10 | 7
14 − 8 = 6 | 7 | 5
16 − 8 = 9 | 8 | 7
16 − 7 = 9 | 7 | 8
12 − 2 = 4 | 10 | 9

c) 15 − 5 = 11 | 10 | 9
15 − 6 = 10 | 11 | 9
16 − 10 = 9 | 6 | 5
16 − 9 = 10 | 11 | 7
18 − 9 = 9 | 11 | 10

Vorbereiten und wiederholen

1 Zähle und schreibe die Zahlen auf.

gleich

___ Zehner gleich ___ Einer

gleich

___ Hunderter gleich ___ Zehner

gleich

___ Tausender gleich ___ Hunderter

2 Entbündele die Hunderter. Male und schreibe das Ergebnis auf.

a) 1 **H** 2 **Z** gleich 12 **Z**

b) 2 **H** 4 **E** gleich ___ **Z** ___ **E**

Vorbereiten und wiederholen

1 Entbündele die **Hunderter**. Male und schreibe das Ergebnis auf.

a) 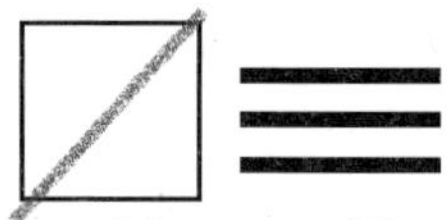

1 **H** 3 **Z** gleich  13 **Z**

b) 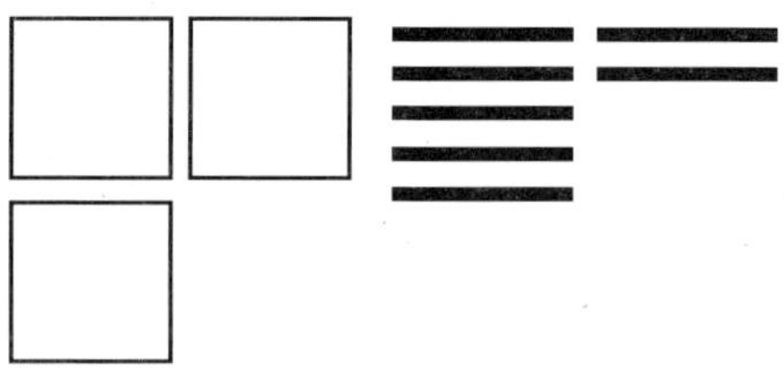

3 **H** 7 **Z** gleich ___ **Z**

c) 

1 **H** 2 **Z** 5 **E** gleich ___ **Z** ___ **E**

2 Entbündele die **Zehner**. Male und schreibe das Ergebnis auf.

a) 

3 **Z** 1 **E** gleich ___ **E**

b) 

4 **Z** 7 **E** gleich ___ **E**

3 Schreibe die Aufgaben der Aufgabenfamilie auf.

a) 5 6 11

___ + ___ = ___
___ + ___ = ___
___ − ___ = ___
___ − ___ = ___

b) 5 7 12

___ + ___ = ___
___ + ___ = ___
___ − ___ = ___
___ − ___ = ___

c) 5 8 13

___ + ___ = ___
___ + ___ = ___
___ − ___ = ___
___ − ___ = ___

d) 5 9 14

___ + ___ = ___
___ + ___ = ___
___ − ___ = ___
___ − ___ = ___

Vorbereiten und wiederholen

1 Subtrahiere die Zehnerzahlen. **Entbündele** vorher einen Hunderter.

a)

300 – 20 = ____

300 – 50 = ____

300 – 40 = ____

300 – 70 = ____

b)

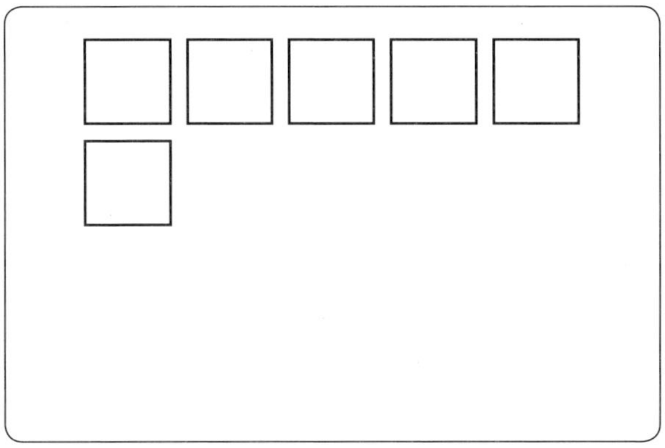

600 – 70 = ____

600 – 50 = ____

600 – 30 = ____

600 – 20 = ____

c)

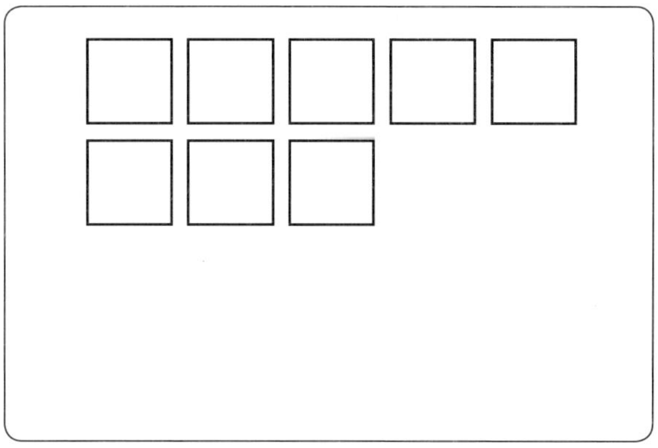

800 – 10 = ____

800 – 40 = ____

800 – 60 = ____

800 – 50 = ____

d)

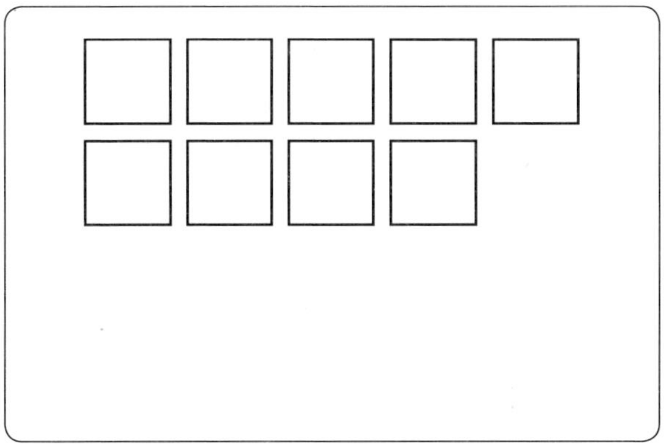

900 – 10 = ____

900 – 40 = ____

900 – 70 = ____

900 – 20 = ____

e)

1000 – 20 = ____

1000 – 30 = ____

1000 – 90 = ____

1000 – 50 = ____

1 Subtrahiere die Zehnerzahlen. **Entbündele** vorher einen Hunderter.

a)

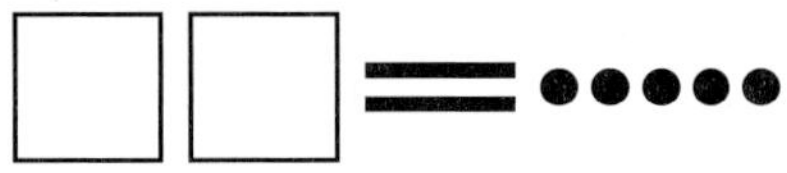

225 − 30 = ____

225 − 50 = ____

225 − 70 = ____

b)

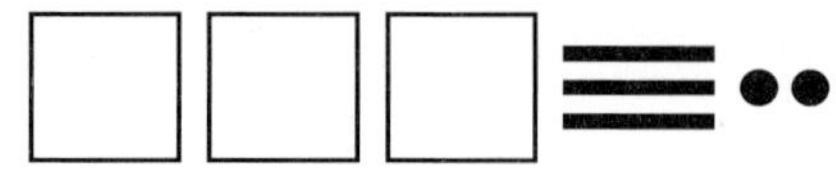

332 − 40 = ____

332 − 60 = ____

332 − 80 = ____

c)

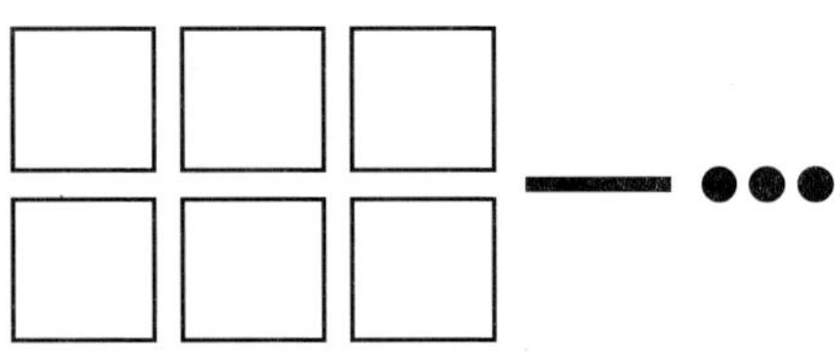

613 − 70 = ____

613 − 50 = ____

613 − 20 = ____

d)

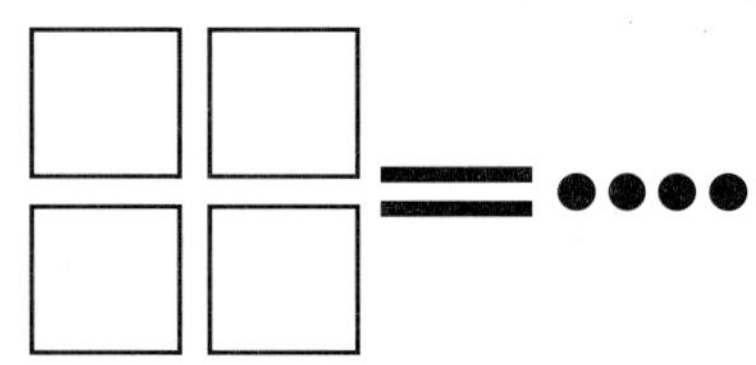

424 − 70 = ____

424 − 40 = ____

424 − 50 = ____

e)

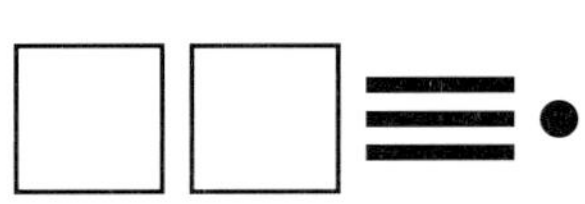

231 − 50 = ____

231 − 40 = ____

231 − 70 = ____

f)

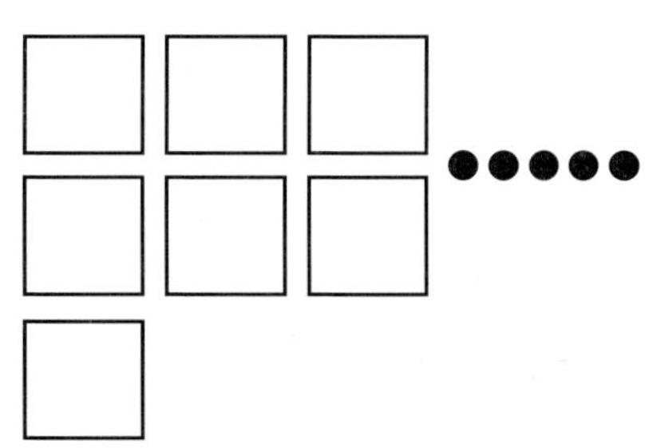

705 − 20 = ____

705 − 30 = ____

705 − 90 = ____

Vorbereiten und wiederholen

1 Subtrahiere die Zehnerzahlen.

Entbündele einen **H**underter.	– 20	– 40	– 60	– 80	– 90
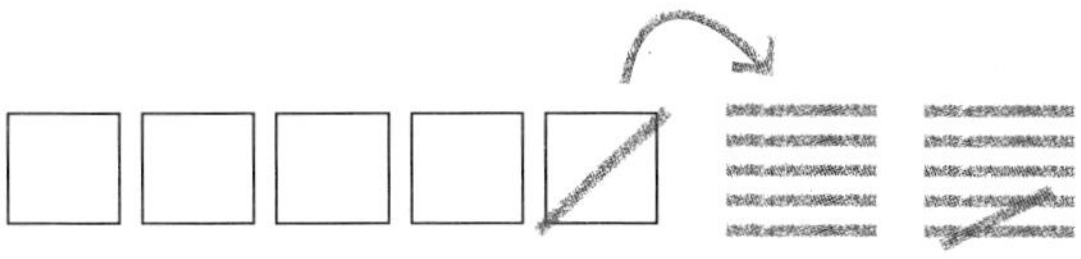	480				

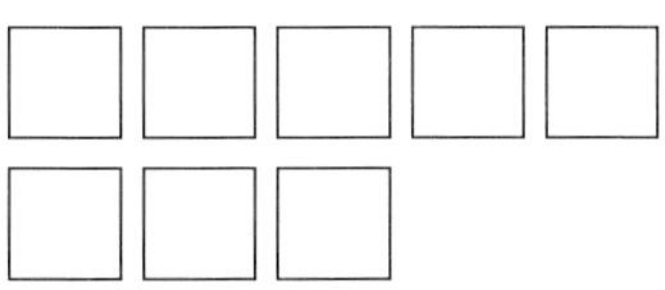					
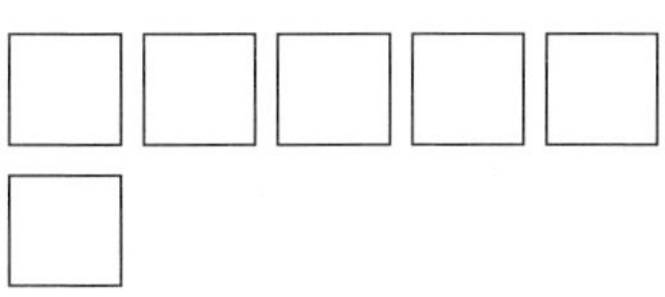					
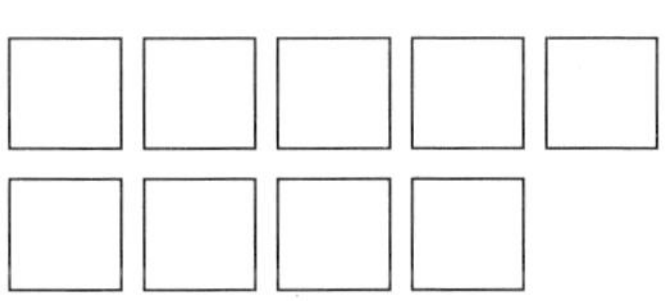					
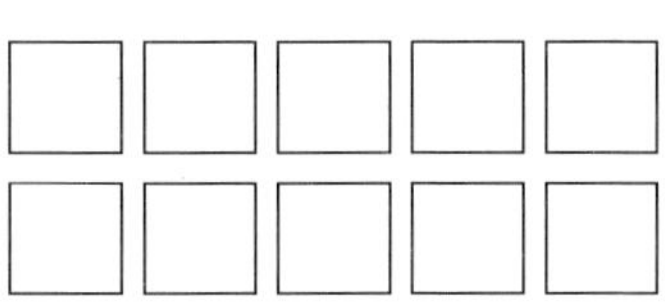					

2 Subtrahiere die Zehnerzahlen.

a) 400 – 50 = ____
900 – 60 = ____
200 – 30 = ____
600 – 70 = ____

b) 600 – 10 = ____
800 – 50 = ____
100 – 90 = ____
700 – 60 = ____

c) 500 – ____ = 430
900 – ____ = 820
300 – ____ = 270
700 – ____ = 660

Vorbereiten und wiederholen

1 Welche Zahl ist mit den Plättchen dargestellt? Kreuze an.

H	Z	E
● ● ● ● ●	● ●	● ● ● ● ● ● ●

☐ 727 ☐ 526

☐ 725 ☐ 527

2 Zeichne 6 Plättchen in eine Stellentafel.
In jeder Spalte muss mindestens ein Plättchen sein.

a) Wie heißt die **größte** Zahl? ____

b) Wie heißt die **kleinste** Zahl? ____

3 Zeichne 8 Plättchen in eine Stellentafel.
In jeder Spalte muss mindestens ein Plättchen sein.

a) Wie heißt die **größte** Zahl? ____

b) Wie heißt die **kleinste** Zahl? ____

4 Welche Zahlen kannst du **nicht** mit 9 Plättchen in der Stellentafel darstellen? Kreuze an.

☐ 513 ☐ 333 ☐ 423 ☐ 244 ☐ 322

5 Löse die Kopfrechenaufgaben.

a)	b)	c)	d)
13 − 5 = ____	15 − 5 = ____	____ − 7 = 7	____ − 6 = 6
13 − 6 = ____	15 − 6 = ____	____ − 9 = 9	____ − 8 = 8
14 − 7 = ____	16 − 8 = ____	____ − 3 = 11	____ − 9 = 8
14 − 8 = ____	16 − 9 = ____	____ − 4 = 12	____ − 7 = 8

Vorbereiten und wiederholen

1 Welche Zahlen kannst du bilden, wenn du ein Plättchen dazulegst?

H	Z	E
● ● ● ●	● ● ● ● ●	● ● ● ● ● ● ●

☐ 557 ☐ 657
☐ 558 ☐ 468
☐ 458 ☐ 467

2 Welche Zahlen kannst du **nicht** mit 8 Plättchen in der Stellentafel darstellen? Kreuze an.

☐ 511 ☐ 423 ☐ 323 ☐ 521 ☐ 721

3 Welche Aussage beschreibt die Zahl 525? Kreuze an.

a) ☐ fünf Hunderter, fünfzehn Zehner und fünf Einer

b) ☐ fünf Hunderter und fünfundzwanzig Einer

c) ☐ fünfhundertfünfunddreißig Einer

4 Welche Aussage beschreibt die Zahl 123? Kreuze an.

a) ☐ ein Hunderter, ein Zehner und dreizehn Einer

b) ☐ ein Hunderter, drei Zehner und zwei Einer

c) ☐ zwei Hunderter, zwei Zehner und drei Einer

5 Finde selbst Aufgaben.

a)	b)	c)	d)
___ – ___ = 9	___ – ___ = 8	___ – ___ = 7	___ – ___ = 6
___ – ___ = 9	___ – ___ = 8	___ – ___ = 7	___ – ___ = 6
___ – ___ = 9	___ – ___ = 8	___ – ___ = 7	___ – ___ = 6
___ – ___ = 9	___ – ___ = 8	___ – ___ = 7	___ – ___ = 6

Vorbereiten und wiederholen

1 Runde auf **Hunderter**.

a)	b)	c)
816 ≈ ___	662 ≈ ___	492 ≈ ___
652 ≈ ___	947 ≈ ___	185 ≈ ___
523 ≈ ___	973 ≈ ___	653 ≈ ___
287 ≈ ___	539 ≈ ___	246 ≈ ___

Rundungsregeln:
abrunden bei 0, 1, 2, 3, 4
aufrunden bei 5, 6, 7, 8, 9

2 Runde auf **Zehner**.

a)	b)	c)	d)
187 ≈ ___	565 ≈ ___	285 ≈ ___	285 ≈ ___
353 ≈ ___	641 ≈ ___	564 ≈ ___	532 ≈ ___
856 ≈ ___	373 ≈ ___	456 ≈ ___	405 ≈ ___
628 ≈ ___	917 ≈ ___	142 ≈ ___	755 ≈ ___

3 Runde die Besucherzahlen des Kinos auf **Zehner**.

Montag **277** ≈ ___

Dienstag **252** ≈ ___

Mittwoch **648** ≈ ___

Donnerstag **425** ≈ ___

Freitag **995** ≈ ___

Samstag **803** ≈ ___

Sonntag **633** ≈ ___

4 Runde die Zahlen.

a) Runde auf **Hunderter**.
539, 953, 306, 849, 663, 780

b) Runde auf **Zehner**.
438, 352, 693, 306, 489, 256

1 Runde die Zahlen.

a) Runde auf **Hunderter**.

816 ≈ ____ (e) 363 ≈ ____ (a) 591 ≈ ____ (n)
652 ≈ ____ (D) 878 ≈ ____ (t) 265 ≈ ____ (n)
523 ≈ ____ (u) 183 ≈ ____ (n) 954 ≈ ____ (t)

b) Runde auf **Zehner**.

786 ≈ ____ (r) 635 ≈ ____ (d) 185 ≈ ____ (u)
254 ≈ ____ (n) 721 ≈ ____ (u) 464 ≈ ____ (!)
857 ≈ ____ (k) 483 ≈ ____ (g) 356 ≈ ____ (s)

○	○
700	720

○	○	○	○	○	○
860	400	250	300	360	900

○	○	○
480	500	1000

○	○	○	○	○	○	○
790	190	200	640	800	600	460

2 Beim Runden auf **Hunderter** wurden Fehler gemacht.
Berichtige die Fehler oder hake die richtigen Ergebnisse ab.

a) 467 ≈ 500 ✓ b) 347 ≈ 350 ____ c) 229 ≈ 200 ____
889 ≈ 890 ____ 653 ≈ 600 ____ 409 ≈ 420 ____
552 ≈ 500 ____ 780 ≈ 800 ____ 569 ≈ 560 ____
109 ≈ 110 ____ 235 ≈ 200 ____ 999 ≈ 1000 ____

3 Welche Zahlen kann man runden? Kreuze an.

a) ☐ In der Sporthalle sind 823 Zuschauer.

b) ☐ Die Skiausrüstung kostet 456 Euro.

c) ☐ Die Telefonnummer lautet 0406643297.

Teste dich! A

1 Trage die Zahlen in die Stellentafel ein.

a) 4 **H** 6 **Z** 2 **E** b) 3 **H** 8 **Z** 1 **E**

c) 3 **E** 7 **H** d) 9 **Z** 2 **H** 1 **E**

e) 5 **Z** 3 **E** f) 1 **T** 1 **Z**

	T	H	Z	E
a)				
b)				
c)				
d)				
e)				
f)				

☐ / 6

2 Entbündele die **Hunderter**. Male und schreibe das Ergebnis auf.

a) ☐☐ gleich ___ **Z**

2 **H**

b) ☐☐☐☐ = gleich ___ **Z**

4 **H** 2 **Z**

☐ / 4

3 Subtrahiere die Zehnerzahlen.

a) 800 − 70 = ___ b) 900 − 10 = ___ c) 200 − ___ = 130

700 − 50 = ___ 500 − 40 = ___ 600 − ___ = 540

☐ / 6

4 Runde die Zahlen.

a) Runde auf **Hunderter**.

827 ≈ ___ 482 ≈ ___ 361 ≈ ___

b) Runde auf **Zehner**.

225 ≈ ___ 142 ≈ ___ 587 ≈ ___

☐ / 6

Du hast ☐ von 22 Punkten erreicht.

Teste dich! B

1 Kreuze die richtige Zahl an.

a) 6 **H** 3 **E** 0 **Z**

- ☐ 360
- ☐ 603
- ☐ 630

b) 1 **T** 3 **Z**

- ☐ 1300
- ☐ 103
- ☐ 1030

c) 4 **E** 1 **T** 5 **Z**

- ☐ 415
- ☐ 1045
- ☐ 1054

☐ / 3

2 Entbündele die **Hunderter**. Male und schreibe das Ergebnis auf.

a) 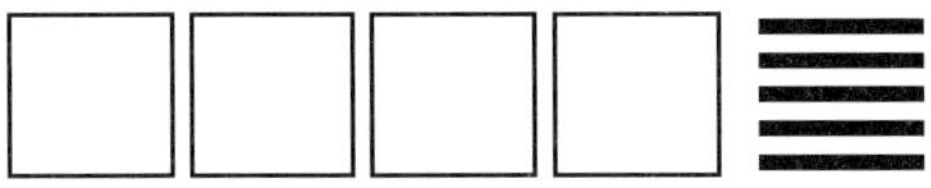

4 **H** 5 **Z** gleich ___ Z

b) 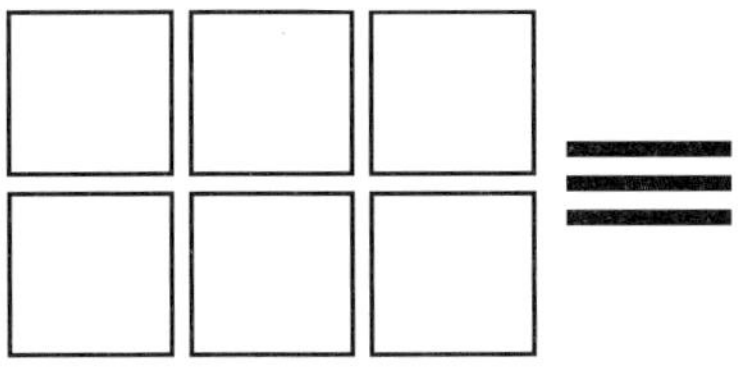

6 **H** 3 **Z** gleich ___ Z

☐ / 4

3 Kreise die größte Zahl ein.

7 **H** 12 **Z** 3 **E** 5 **H** 11 **Z** 14 **E** 7 H 16 **Z** 2 **E**

☐ / 1

4 Subtrahiere die Zehnerzahlen.

a) 200 − ___ = 130
800 − ___ = 740

b) 640 − 70 = ___
910 − 30 = ___

c) 425 − 60 = ___
619 − 60 = ___

☐ / 6

5 Runde die Zahlen.

a) Runde auf **Hunderter**.

637 ≈ ___ 453 ≈ ___ 382 ≈ ___

b) Runde auf **Zehner**.

425 ≈ ___ 742 ≈ ___ 487 ≈ ___

☐ / 6

Du hast ☐ von 20 Punkten erreicht.

Schriftlich subtrahieren ohne Übertrag

Schriftlich subtrahieren: 763 (Minuend) − 431 (Subtrahend) = ___ (Differenz)

	H	Z	E
	7	6	3
−	4	3	1
	3	3	2

Einer
3 − 1 = 2

Zehner
6 − 3 = 3

Hunderter
7 − 4 = 3

1 Subtrahiere schriftlich.

a)

	H	Z	E
	7	6	5
−	2	4	3

b)

	H	Z	E
	8	7	4
−	4	5	3

c)

	H	Z	E
	6	7	5
−	3	4	2

d)

	H	Z	E
	5	6	6
−	3	5	1

e)

	H	Z	E
	8	7	6
−	6	1	4

2 Schreibe stellengerecht und subtrahiere schriftlich.

a) 654 − 531 b) 798 − 265 c) 863 − 553 d) 876 − 645 e) 496 − 154

	H	Z	E
−			

	H	Z	E
−			

	H	Z	E
−			

	H	Z	E
−			

	H	Z	E
−			

421 310 231 342 522 533 333 123 215 262

Schriftlich subtrahieren ohne Übertrag

1 Subtrahiere schriftlich.

b

	H	Z	E
	5	9	6
−	3	6	4

e

	H	Z	E
	8	6	5
−	4	3	4

r

	H	Z	E
	6	7	3
−	4	5	2

u

	H	Z	E
	9	6	8
−	5	4	6

e

	H	Z	E
	7	5	9
−	4	3	6

i

	H	Z	E
	8	2	6
−	6	1	4

a

	H	Z	E
	9	6	5
−	4	5	1

Z

	H	Z	E
	6	5	4
−	5	3	3

Lösungswort:

121	514	422	232	323	221	431	212

2 Schau dir zuerst alle Aufgaben an. Was fällt dir auf? Subtrahiere schriftlich.

	H	Z	E
	8	0	5
−	5	0	3

	H	Z	E
	9	7	5
−	4	0	3

	H	Z	E
	6	7	5
−	3	4	0

	H	Z	E
	5	8	5
−		7	0

	H	Z	E
	6	7	0
−	4	3	0

3 Subtrahiere schriftlich. Schau dir alle Ergebnisse an. Was fällt dir auf?

	H	Z	E
	6	7	5
−	4	7	1

	H	Z	E
	6	7	4
−	3	4	4

	H	Z	E
	9	8	5
−	3	5	5

	H	Z	E
	7	4	6
−	3	4	1

	H	Z	E
	8	9	7
−	6	9	5

Schriftlich subtrahieren ohne Übertrag

1 Schreibe stellengerecht und subtrahiere schriftlich.
Addiere die drei Ergebniszahlen.

a) 549 – 327 b) 958 – 846 c) 763 – 542

	H	Z	E
–			

		H	Z	E
a)				
b)				
c)	+			

d) 478 – 67 e) 388 – 46 f) 807 – 601

	H	Z	E
–			

		H	Z	E
d)				
e)				
f)	+			

342 221 222 411 206 112 555 959

2 Welche Zahl wurde subtrahiert? Schreibe sie auf.

a)

	H	Z	E
	5	4	9
–			
	2	2	2

	H	Z	E
	9	8	6
–			
	6	6	6

	H	Z	E
	8	9	7
–			
	4	4	4

	H	Z	E
	6	7	9
–			
	5	5	5

	H	Z	E
	6	4	9
–			
	3	3	3

b)

	H	Z	E
	9	7	4
–			
	2	7	4

	H	Z	E
	4	5	9
–			
	2	0	0

	H	Z	E
	6	9	5
–			
		5	5

	H	Z	E
	8	5	0
–			
	5	5	0

	H	Z	E
	4	8	7
–			
		3	0

640 320 700 124 453 259 300 327 316 457

3 Welche Aufgaben kannst du **im Kopf** lösen? Kreuze an.

a) ☐ 427 – 162 = ____ b) ☐ 426 – 99 = ____ c) ☐ 383 – 215 = ____

☐ 358 – 210 = ____ ☐ 704 – 215 = ____ ☐ 730 – 130 = ____

☐ 331 – 30 = ____ ☐ 563 – 199 = ____ ☐ 641 – 400 = ____

Schriftlich subtrahieren ohne Übertrag

1 Welche Zahl wurde subtrahiert? Schreibe sie auf.

a)

	H	Z	E
	8	7	6
–			
	3	7	2

b)

	H	Z	E
	5	4	8
–			
	3	4	1

c)

	H	Z	E
	4	5	7
–			
	2	5	2

d)

	H	Z	E
	8	7	3
–			
	2	7	3

e)

	H	Z	E
	6	7	3
–			
	3	0	3

370 207 504 205 600

2 Welche Ziffern fehlen? Rechne aus.

a)

	H	Z	E
	*	*	*
–	5	0	6
	3	6	3

	H	Z	E
	*	*	*
–	4	5	3
	5	4	1

	H	Z	E
	*	*	*
–	2	5	4
	5	3	5

	H	Z	E
	*	*	*
–	2	5	3
	7	0	6

	H	Z	E
	*	*	*
–	3	5	0
	4	3	7

b)

	H	Z	E
	8	4	4
–	*	2	*
	5	*	3

	H	Z	E
	*	*	6
–	4	2	*
	5	6	5

	H	Z	E
	6	7	*
–	4	*	3
	*	3	5

	H	Z	E
	6	*	*
–	1	8	5
	*	0	4

	H	Z	E
	4	9	*
–	2	*	5
	*	3	4

3 Welche Zahlen wurden subtrahiert? Schreibe sie auf.

a)

	H	Z	E
–			
	5	6	2

b)

	H	Z	E
–			
	4	0	1

c)

	H	Z	E
–			
	6	4	1

d)

	H	Z	E
–			
	3	6	5

e)

	H	Z	E
–			
	7	0	5

4 Welche Aufgaben gehören zu dieser Differenz? Verbinde.

968
– 447

587
– 116

521

789
– 268

894
– 273

Schriftlich subtrahieren ohne Übertrag

1 Schau dir die Ergebnisse genau an. Was fällt dir auf?
Schreibe zwei weitere Aufgaben dazu.

a)

	H	Z	E		H	Z	E		H	Z	E		H	Z	E		H	Z	E
	9	8	6		6	8	7		5	6	9								
−	3	2	0	−	1	3	2	−	1	2	5	−				−			
	6	6	6		5	5	5		4	4	4								

b)

	H	Z	E		H	Z	E		H	Z	E		H	Z	E		H	Z	E
	8	9	8		9	8	6		7	9	6								
−	3	4	2	−	4	3	1	−	2	4	2	−				−			
	5	5	6		5	5	5		5	5	4								

c)

	H	Z	E		H	Z	E		H	Z	E		H	Z	E		H	Z	E
	9	9	7		6	9	5		7	8	8								
−	8	0	4	−	4	1	2	−	4	1	5	−				−			
	1	9	3		2	8	3		3	7	3								

d)

	H	Z	E		H	Z	E		H	Z	E		H	Z	E		H	Z	E
	8	7	9		9	6	8		6	7	7								
−	4	7	3	−	5	4	2	−	2	3	1	−				−			
	4	0	6		4	2	6		4	4	6								

2 Welche Zahlen wurden subtrahiert? Schreibe sie auf.

a) 897 634 624

	H	Z	E
−			
	2	7	3

b) 395 165 455

	H	Z	E
−			
	2	3	0

c) 976 453 876

	H	Z	E
−			
	5	2	3

Schriftlich subtrahieren ohne Übertrag

1 Welche Zahlen wurden subtrahiert? Schreibe sie auf.

a) 876 630 540

	H	Z	E
–			
	3	3	6

b) 167 307 457

	H	Z	E
–			
	1	5	0

c) 689 420 290

	H	Z	E
–			
	2	6	9

d) 263 784 865

	H	Z	E
–			
	5	2	1

e) 643 634 954

	H	Z	E
–			
	3	1	1

f) 364 843 596

	H	Z	E
–			
	2	3	2

2 Löse die Sachaufgaben.

a) Markiere wichtige Informationen.
b) Unterstreiche die Frage.

a) **Im Spielzeugmuseum**
Am Wochenende kamen 995 Besucher in das Spielzeugmuseum. Am Montag kamen 583 Besucher weniger. Wie viele Besucher kamen am Montag in das Spielzeugmuseum?

Rechnung:

Antwort: ______________________________

____

b) **Im Kino**
Das Kino hat 495 Plätze. Im Kartenvorverkauf wurden schon 185 Karten verkauft. Wie viele Karten können an der Abendkasse noch verkauft werden?

Rechnung:

Antwort: ______________________________

____

Schriftlich subtrahieren ohne Übertrag

1 Welche Fragen passen zur Aufgabe? Kreuze an und löse eine Aufgabe.

Müllsammel-Wochenende
In Kleinmegna sammelten am Samstag 976 Kinder und Erwachsene Müll. Am Sonntag kamen 153 Personen weniger.

- ☐ Wie viele Personen sammelten am Sonntag Müll?
- ☐ Wie viele Kinder sammelten am Wochenende Müll in Kleinmegna?
- ☐ Wie viele Personen wollen am nächsten Müllsammel-Wochenende mitmachen?

Rechnung:

Antwort: ____

____

2 Schreibe zwei Fragen auf. Rechne die Aufgaben.

Das Stickeralbum
Emma sammelt Sticker mit bunten Tierbildern. Sie hat 85 Sticker mit Haustieren und 346 Sticker mit Zootieren. In das Stickeralbum passen insgesamt 545 Sticker.

Frage 1: ____

Frage 2: ____

Rechnung 1:

Rechnung 2:

Antwort 1: ____

____

Antwort 2: ____

____

Schriftlich subtrahieren ohne Übertrag

1 Markiere die Fehler. Benutze für die Erklärung die Hinweise auf den Zetteln.

849 – 33 485 – 363 784 – 132 684 – 54
597 – 47 567 – 315 667 – 202 324 – 113

	H	Z	E
	8	4	9
–	3	3	
	5	1	9

	H	Z	E
	4	8	5
–	3	6	3
	1	2	2

	H	Z	E
	7	8	4
–	1	3	2
	6	6	2

	H	Z	E
	6	8	4
–		4	5
	6	3	9

	H	Z	E
	5	9	7
–	4	7	
	1	2	7

	H	Z	E
	5	7	6
–	3	1	5
	2	6	1

	H	Z	E
	6	7	6
–	2	0	2
	4	7	4

	H	Z	E
	3	2	4
–	1	1	3
	2	1	1

A Richtig gerechnet!

B Rechenfehler

C Zahlendreher

D Stellenwerte nicht beachtet!

2 Schreibe die **falsch** gerechneten Aufgaben auf. Subtrahiere schriftlich.

	H	Z	E
–			

	H	Z	E
–			

	H	Z	E
–			

	H	Z	E
–			

	H	Z	E
–			

550 465 630 816 652

Schriftlich subtrahieren ohne Übertrag

1 Markiere die Fehler. Benutze für die Erklärung die Hinweise auf den Zetteln.

675 − 350   695 − 263   554 − 143   499 − 354
987 − 47   697 − 275   678 − 462   865 − 303

	H	Z	E
	6	7	5
−	3	0	5
	3	7	0

	H	Z	E
	6	9	5
−	2	6	3
	4	3	2

	H	Z	E
	5	5	4
−	1	4	3
	4	1	2

	H	Z	E
	4	9	9
−	3	5	4
	1	4	5

	H	Z	E
	9	8	7
−	4	7	
	5	1	0

	H	Z	E
	6	9	7
−	2	7	5
	4	2	2

	H	Z	E
	6	7	8
−	4	6	2
	2	1	4

	H	Z	E
	8	6	5
−	3	3	0
	5	3	5

A Richtig gerechnet!

B Rechenfehler

C Zahlendreher

D Stellenwerte nicht beachtet!

2 Schreibe die falsch gerechneten Aufgaben auf. Subtrahiere schriftlich.

	H	Z	E
−			

	H	Z	E
−			

	H	Z	E
−			

	H	Z	E
−			

	H	Z	E
−			

940   325   216   562   411

Teste dich! A

1 Subtrahiere schriftlich.

a)

	H	Z	E
	8	7	5
−	2	5	3

b)

	H	Z	E
	9	8	4
−	4	6	3

c)

	H	Z	E
	7	7	5
−	5	2	2

d)

	H	Z	E
	9	5	9
−		4	7

e)

	H	Z	E
	8	7	9
−	6	6	5

☐ / 5

2 Schreibe stellengerecht und subtrahiere schriftlich.

a) 784 − 561 b) 988 − 265 c) 763 − 503 d) 674 − 544 e) 496 − 54

	H	Z	E
−			

☐ / 10

3 Welche Ziffern fehlen? Rechne aus.

a)

	H	Z	E
	8	4	4
−	✱	4	✱
	5	✱	3

b)

	H	Z	E
	✱	✱	6
−	4	2	✱
	5	0	5

c)

	H	Z	E
	7	9	✱
−	4	✱	3
	✱	3	5

d)

	H	Z	E
	9	✱	✱
−	2	6	5
	✱	0	4

e)

	H	Z	E
	4	7	✱
−	2	✱	5
	✱	5	4

☐ / 5

Du hast ☐ von 20 Punkten erreicht.

Teste dich! B

1 Schreibe stellengerecht und subtrahiere schriftlich.

a) 964 – 561

	H	Z	E
–			

b) 798 – 95

	H	Z	E
–			

c) 823 – 503

	H	Z	E
–			

d) 574 – 63

	H	Z	E
–			

e) 456 – 154

	H	Z	E
–			

☐ / 10

2 Löse die Sachaufgabe.

Im Spielzeugmuseum
Am Wochenende kamen 874 Personen in das Spielzeugmuseum. Am Montag kamen 273 Besucher weniger. Wie viele Besucher waren am Montag im Spielzeugmuseum?

Rechnung:

Antwort: ______________________________

☐ / 4

3 Welche Zahl wurde subtrahiert? Schreibe sie auf.

a)

	H	Z	E
	9	7	7
–			
	4	7	2

b)

	H	Z	E
	5	0	8
–			
	3	0	1

c)

	H	Z	E
	4	9	7
–			
		3	2

d)

	H	Z	E
	8	7	5
–			
	2	7	5

e)

	H	Z	E
	9	7	8
–			
	3	0	8

☐ / 5

4 Welche Zahlen wurden subtrahiert? Schreibe sie auf.

a) 976 630 740

	H	Z	E
–			
	2	3	6

b) 808 648 798

	H	Z	E
–			
	1	5	0

☐ / 2

Du hast ☐ von 21 Punkten erreicht.

Schriftlich subtrahieren mit einem Übertrag

Schriftlich subtrahieren: 783 – 465 = ___

Minuend – Subtrahend = Differenz

	H	Z	E
		7	13
	7	~~8~~	~~3~~
–	4	6	5
	3	1	8

Einer

3 – 5 geht nicht.

Ich wechsle 1 **Z** in 10 **E**.
Ich habe 13 **E**, aber nur noch 7 **Z**.

13 – 5 = 8

Zehner

7 – 6 = 1

Hunderter

7 – 4 = 3

1 Subtrahiere schriftlich.

a)

	H	Z	E
	5	7	2
–	3	4	8

b)

	H	Z	E
	7	8	6
–	6	5	8

c)

	H	Z	E
	9	8	1
–	6	6	9

d)

	H	Z	E
	7	6	5
–	5	4	8

e)

	H	Z	E
	9	5	3
–	7	2	9

2 Schreibe stellengerecht und subtrahiere schriftlich.

a) 876 – 349 b) 592 – 348 c) 764 – 438 d) 548 – 419 e) 674 – 525

	H	Z	E
–			

128 326 224 217 527 149 224 129 312 244

Schriftlich subtrahieren mit einem Übertrag

1 Subtrahiere schriftlich. Markiere zuerst den Übertrag.

a)

	H	Z	E
	6	7	4
–	4	5	6

	H	Z	E
	8	6	7
–	6	7	5

	H	Z	E
	8	5	5
–	4	3	8

	H	Z	E
	7	3	6
–	5	6	3

b)

	H	Z	E
	7	2	6
–	5	3	5

	H	Z	E
	8	4	7
–	6	2	9

	H	Z	E
	5	6	2
–	3	8	1

	H	Z	E
	8	4	7
–		2	8

	H	Z	E
	5	4	2
–	3	1	4

218 417 819 218 191 173 181 192 228

2 Schreibe stellengerecht und subtrahiere schriftlich.

a) 763 – 481 b) 538 – 456 c) 916 – 684 d) 536 – 417 e) 826 – 464

	H	Z	E
–			

	H	Z	E
–			

	H	Z	E
–			

	H	Z	E
–			

	H	Z	E
–			

282 362 82 119 232

3 Welche Aufgaben kannst du **im Kopf** lösen? Kreuze an.

a)
- ☐ 359 – 299 = ____
- ☐ 457 – 362 = ____
- ☐ 457 – 361 = ____
- ☐ 426 – 303 = ____
- ☐ 794 – 215 = ____
- ☐ 560 – 320 = ____
- ☐ 480 – 300 = ____
- ☐ 746 – 146 = ____
- ☐ 585 – 268 = ____

b) Löse die übrigen Aufgaben im Heft.

240 600 180 123 95 96 579 60 317

Schriftlich subtrahieren mit einem Übertrag

	H	Z	E
	5	10	
	~~6~~	~~3~~	8
−	1	5	6
	4	8	2

Probe

	H	Z	E
	4	8	2
+	1	5	6
	1		
	6	3	8

1 Subtrahiere schriftlich.
Kontrolliere mit der Probe.

a)

	H	Z	E
	7	5	8
−	5	6	2

Probe

	H	Z	E
+			

b)

	H	Z	E
	7	3	6
−	4	1	8

Probe

	H	Z	E
+			

c)

	H	Z	E
	8	5	4
−	3	3	7

Probe

	H	Z	E
+			

d)

	H	Z	E
	9	7	8
−	7	9	8

Probe

	H	Z	E
+			

e)

	H	Z	E
	5	7	7
−	3	4	9

Probe

	H	Z	E
+			

f)

	H	Z	E
	9	6	8
−	4	1	9

Probe

	H	Z	E
+			

318 180 517 196 549 228

2 Subtrahiere schriftlich. Kontrolliere mit der Probe.

a) 674 − 536 b) 847 − 629 c) 847 − 28 d) 542 − 314

e) 762 − 553 f) 825 − 317 g) 572 − 168 h) 691 − 482

209 404 228 138 218 209 819 508

Schriftlich subtrahieren mit einem Übertrag

Schriftlich subtrahieren: **806** − **552** = ___

Minuend – Subtrahend – Differenz

	H	Z	E
	7	10	
	~~8~~	~~0~~	6
−	5	5	2
	2	5	4

Einer
6 − 2 = 4

Zehner
0 − 5 geht nicht.
Ich wechsle 1 **H** in 10 **Z**.
Ich habe 10 **Z**, aber nur noch 7 **H**.
10 − 5 = 5

Hunderter
7 − 5 = 2

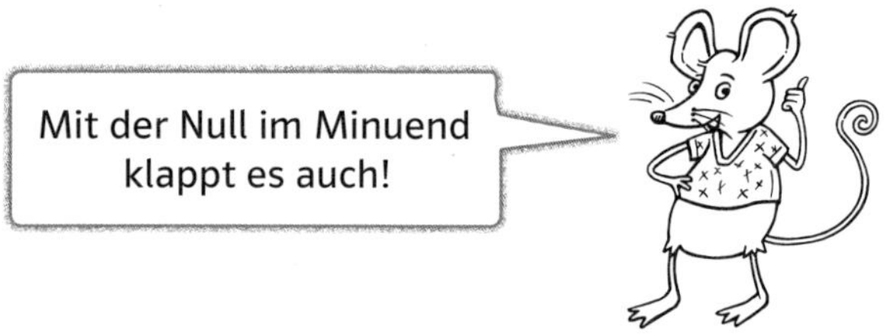

1 Subtrahiere schriftlich.

a)

	H	Z	E
	8	0	8
−	4	6	4

	H	Z	E
	9	0	6
−	6	3	5

	H	Z	E
	7	0	4
−	4	8	3

	H	Z	E
	9	0	7
−	3	7	5

	H	Z	E
	8	0	2
−	2	5	1

b)

	H	Z	E
	6	0	5
−	1	7	3

	H	Z	E
	8	0	6
−	6	1	4

	H	Z	E
	6	0	3
−	3	7	0

	H	Z	E
	8	0	1
−	2	4	0

	H	Z	E
	9	0	6
−	2	5	4

c)

	H	Z	E
	8	0	4
−	4	6	2

	H	Z	E
	9	0	5
−	5	2	3

	H	Z	E
	4	0	9
−	2	1	3

	H	Z	E
	7	0	1
−	3	5	0

	H	Z	E
	8	0	8
−	2	3	4

221 233 342 351 344 551 382 561 271 192 196 432 532
652 574

Schriftlich subtrahieren mit einem Übertrag

1 Welche Darstellung passt zur Aufgabe? Kreuze an.

563 − 357

☐

	H	Z	E
	4	16	
−			

☐

	H	Z	E
		5	13
−			

☐

	H	Z	E
	4	15	13
−			

858 − 495

☐

	H	Z	E
	7	15	
−			

☐

	H	Z	E
	8	15	
−			

☐

	H	Z	E
		15	18
−			

625 − 360

☐

	H	Z	E
	6	12	
−			

☐

	H	Z	E
		1	15
−			

☐

	H	Z	E
	5	12	
−			

2 Schau dir die Ergebnisse genau an. Was fällt dir auf?
Ergänze eine Aufgabe, die dazu passt.

a)

	H	Z	E
	8	1	6
−	2	6	1

	H	Z	E
	9	9	3
−	4	3	8

	H	Z	E
	6	9	2
−	1	3	7

	H	Z	E
	7	3	7
−	1	8	2

	H	Z	E
−			

b)

	H	Z	E
	7	2	9
−	2	8	5

	H	Z	E
	7	7	3
−	3	2	9

	H	Z	E
	8	7	2
−	4	2	8

	H	Z	E
	5	9	2
−	1	4	8

	H	Z	E
−			

Schriftlich subtrahieren mit einem Übertrag

1 Subtrahiere schriftlich. Schreibe zuerst den Überschlag auf.

a)

	H	Z	E
	5	1	9
−	2	3	7

Überschlag

500 − 200 = ___

b)

	H	Z	E
	5	8	5
−	3	9	2

Überschlag

600 − 400 = ___

c)

	H	Z	E
	8	0	6
−	1	7	2

Überschlag

___ − ___ = ___

d)

	H	Z	E
	5	0	4
−	4	2	3

Überschlag

___ − ___ = ___

e)

	H	Z	E
	8	3	0
−	2	1	6

Überschlag

___ − ___ = ___

f)

	H	Z	E
	5	8	0
−	3	2	4

Überschlag

___ − ___ = ___

g)

	H	Z	E
	6	0	8
−	3	7	5

Überschlag

___ − ___ = ___

h)

	H	Z	E
	8	0	9
−	5	2	8

Überschlag

___ − ___ = ___

614   233   193   81   281   634   256   282

2 Welche Ergebnisse sind falsch? Überprüfe mit dem Überschlag.

	H	Z	E
	8	7	9
−	5	3	0
	6	4	9

	H	Z	E
	8	7	1
−	2	4	2
	6	2	9

	H	Z	E
	7	8	8
−	3	4	9
	4	3	7

	H	Z	E
	8	9	2
−	7	3	9
	2	6	2

	H	Z	E
	6	8	4
−	2	6	1
	4	2	3

Wie viele Ergebnisse sind flasch? Kreuze an.

☐ 5 falsche Ergebnisse ☐ 4 falsche Ergebnisse ☐ 3 falsche Ergebnisse

Schriftlich subtrahieren mit einem Übertrag

1 Schreibe stellengerecht und subtrahiere schriftlich.

a) 509 – 357

Ü:

	H	Z	E
–			

b) 274 – 83

Ü:

	H	Z	E
–			

c) 496 – 178

Ü:

	H	Z	E
–			

d) 793 – 154

Ü:

	H	Z	E
–			

e) 590 – 279

Ü:

	H	Z	E
–			

f) 708 – 386

Ü:

	H	Z	E
–			

318 311 639 152 322 191

2 Schreibe stellengerecht und subtrahiere schriftlich.
Kontrolliere mit der Probe.

a)

768	807	517	–	495	176	324

444 631 22 273 312 193 341 483 592

b)

529	907	892	–	186	354	452

175 553 706 77 440 343 455 721 538

c)

426	618	929	–	374	218	175

208 711 52 244 251 754 555 443 400

Schriftlich subtrahieren mit einem Übertrag

1 Subtrahiere zwei Zahlen. Das Ergebnis soll **kleiner** als 200 sein.
Berechne zuerst den Überschlag.

a) 100 684 382 865

b) 884 607 496 256

c) 580 471 783 991

	H	Z	E
–			

	H	Z	E
–			

	H	Z	E
–			

2 Subtrahiere zwei Zahlen. Das Ergebnis soll **größer** als 600 und **kleiner** als 700 sein. Berechne zuerst den Überschlag.

a) 469 359 887 248

b) 299 167 703 92

c) 996 289 388 198

	H	Z	E
–			

	H	Z	E
–			

	H	Z	E
–			

109 111 639 608 611 181

3 Subtrahiere schriftlich. Kontrolliere mit der Probe.

a) 768 – 594 b) 532 – 371 c) 547 – 263 d) 645 – 283

e) 941 – 761 f) 876 – 459 g) 634 – 452 h) 972 – 438

284 180 417 174 362 534 161 182

Schriftlich subtrahieren mit einem Übertrag

1 Welche Ziffern fehlen? Rechne aus. Kontrolliere mit der Probe.

a)

	H	Z	E
	✱	✱	✱
−	5	9	4
	2	7	3

Probe

	H	Z	E
+			

b)

	H	Z	E
	✱	✱	✱
−	3	6	3
	1	5	2

Probe

	H	Z	E
+			

c)

	H	Z	E
	✱	✱	✱
−	4	8	2
	2	2	1

Probe

	H	Z	E
+			

d)

	H	Z	E
	✱	✱	✱
−	4	9	6
	1	9	1

Probe

	H	Z	E
+			

515 703 867 687

2 Welche Ziffern fehlen? Rechne aus. Kontrolliere mit der Probe.

a)

	H	Z	E
	6	4	8
−	✱	8	✱
	1	✱	2

	H	Z	E
	✱	✱	6
−	5	9	✱
	2	8	2

	H	Z	E
	6	3	✱
−	4	8	6
	✱	✱	3

	H	Z	E
	6	✱	✱
−	1	8	5
	✱	4	4

	H	Z	E
	4	5	✱
−	2	✱	5
	✱	3	6

b)

	H	Z	E
	6	4	8
−	✱	2	✱
	1	✱	9

	H	Z	E
	✱	✱	6
−	5	9	✱
		7	2

	H	Z	E
	6	7	✱
−	4	✱	3
	✱	8	5

	H	Z	E
	6	✱	✱
−	1	8	5
	✱	2	4

	H	Z	E
	4	1	✱
−	2	✱	5
	✱	3	1

3 Schreibe stellengerecht und subtrahiere schriftlich.
Kontrolliere mit der Probe.

856	646	718	−	237	594	428

262 124 409 218 428 481 619 290 52

Schriftlich subtrahieren mit einem Übertrag

1 Fülle die Zahlenmauer aus.

a)

	786	
		237
	185	

b)

	954	
		338
		157

c)

	870	
	456	
250		

d)

	638	
	182	
	64	

e)

	528	
		377
		248

f)

	916	
	207	
	153	

2 Schau dir die Ergebnisse genau an. Was fällt dir auf?
Schreibe zwei weitere Aufgaben dazu.

a)

	H	Z	E
	9	8	6
–	3	2	0
	6	6	6

	H	Z	E
	6	8	7
–	1	3	2
	5	5	5

	H	Z	E
	5	6	8
–	1	2	4
	4	4	4

	H	Z	E
–			

	H	Z	E
–			

b)

	H	Z	E
	7	14	
	~~8~~	~~4~~	8
–	2	9	2
	5	5	6

	H	Z	E
	8	13	
	~~9~~	~~3~~	6
–	3	8	1
	5	5	5

	H	Z	E
	6	14	
	~~7~~	~~4~~	6
–	1	9	2
	5	5	4

	H	Z	E
–			

	H	Z	E
–			

3 Löse die Textaufgaben.

a) Addiere 500 zur Differenz der Zahlen 642 und 381. ______

b) Berechne den Unterschied der Zahlen 292 und 675. ______

Schriftlich subtrahieren mit einem Übertrag

1 Löse die Sachaufgaben.

a) Markiere wichtige Informationen.
b) Unterstreiche die Frage.

a) **Im Spielzeugmuseum**
Am Wochenende kamen 975 Besucher in das Spielzeugmuseum. Am Montag kamen 583 Besucher weniger. Wie viele Besucher waren am Montag im Spielzeugmuseum?

Rechnung:

Antwort:

b) **Im Kino**
Im Kino haben 485 Personen Platz. Im Kartenvorverkauf wurden 195 Karten verkauft. Wie viele Karten können an der Abendkasse noch verkauft werden?

Rechnung:

Antwort:

c) **Das Fahrrad**
Ella hat 235 Euro gespart. Davon hat sie 120 Euro zum Geburtstag bekommen. Sie wünscht sich ein neues Fahrrad für 650 Euro. Wie viel Euro muss sie noch für das neue Fahrrad sparen?

Rechnung:

Antwort:

Schriftlich subtrahieren mit einem Übertrag

1 Markiere die Fehler. Benutze für die Erklärung die Hinweise auf den Notizzetteln.

567 – 385 848 – 674 635 – 470 748 – 366 807 – 465
738 – 576 608 – 435 639 – 167 642 – 191 908 – 246
937 – 584 579 – 92 623 – 283 821 – 609 834 – 61

	H	Z	E
	4	16	
	~~5~~	~~6~~	7
–	3	8	5
	1	7	2

	H	Z	E
	8	4	8
–	6	4	7
	2	0	1

	H	Z	E
	5	13	
	~~6~~	~~3~~	5
–	4	7	0
	1	6	5

	H	Z	E
	6	14	
	~~7~~	~~4~~	8
–	3	6	6
	3	2	2

	H	Z	E
	7	10	
	~~8~~	~~0~~	7
–	4	6	5
	3	5	2

	H	Z	E
		7	13
	7	~~8~~	~~3~~
–	5	7	6
	2	0	7

	H	Z	E
	5	10	
	~~6~~	~~0~~	8
–	4	3	5
	2	7	3

	H	Z	E
	5	13	
	~~6~~	~~3~~	9
–	1	6	7
	4	7	1

	H	Z	E
	5	14	
	~~6~~	~~4~~	2
–	1	9	1
	4	5	1

	H	Z	E
	8	10	
	~~9~~	~~0~~	8
–	2	4	6
	6	6	2

	H	Z	E
	8	13	
	~~9~~	~~3~~	7
–	5	8	4
	3	5	3

	H	Z	E
	5	7	9
–		2	9
	5	5	0

	H	Z	E
	5	12	
	~~6~~	~~2~~	3
–	2	8	3
	3	4	0

	H	Z	E
		1	11
	8	~~2~~	~~1~~
–	6	0	9
	2	2	8

	H	Z	E
	8	3	4
–	6	1	
	2	2	4

A Richtig gerechnet!

B Rechenfehler

C Zahlendreher

D Stellenwerte nicht beachtet!

E Nicht gewechselt oder Übertrag vergessen!

2 Schreibe die **falsch** gerechneten Aufgaben auf. Subtrahiere schriftlich. Kontrolliere mit der Probe.

1 Schreibe stellengerecht und subtrahiere schriftlich.
Berechne zuerst den Überschlag.

a) 639 – 457

Ü: ____________

	H	Z	E
–			

b) 874 – 83

Ü: ____________

	H	Z	E
–			

☐ / 4

2 Fülle die Zahlenmauer aus.

	871	
		348
	208	

☐ / 3

3 Welche Ziffern fehlen? Rechne aus. Kontrolliere mit der Probe.

a)

	H	Z	E
	*	*	*
–	6	9	4
	2	7	3

Probe

	H	Z	E
+			

b)

	H	Z	E
	*	*	*
–	3	6	3
	1	5	2

Probe

	H	Z	E
+			

☐ / 4

4 Löse die Sachaufgabe.

Im Freizeitpark
Am Wochenende kamen 897 Besucher in den Freizeitpark.
Am Montag kamen 578 Besucher weniger.
Wie viele Besucher waren am Montag im Freizeitpark?

Rechnung:

Antwort: ____

☐ / 4

Du hast ☐ von 15 Punkten erreicht.

Teste dich! B

1 Welche Ziffern fehlen? Rechne aus.

a)

	H	Z	E
	7	0	5
–	✱	7	✱
	1	✱	2

b)

	H	Z	E
	✱	✱	0
–	4	5	✱
	2	2	2

c)

	H	Z	E
	9	0	✱
–	4	9	6
	✱	✱	3

d)

	H	Z	E
	8	✱	✱
–	1	0	6
	✱	4	4

☐ / 4

2 Welche Ergebnisse sind falsch? Kreuze an.

	H	Z	E
	8	7	0
–	5	3	8
	6	4	2

☐

	H	Z	E
	9	9	1
–	2	7	2
	7	1	9

☐

	H	Z	E
	7	9	8
–	3	8	9
	4	0	7

☐

	H	Z	E
	8	7	2
–	6	3	9
	2	4	3

☐

	H	Z	E
	9	8	4
–	2	6	1
	6	2	3

☐

☐ / 4

3 Formuliere eine Frage und löse die Sachaufgabe.

Der Altstadtlauf

Im letzten Jahr nahmen 980 Kinder und 1400 Erwachsene am Altstadtlauf teil. Dieses Jahr waren es 869 Mädchen und Jungen.

Frage: ______________________________

Rechnung:

Antwort: ______________________________ ☐ / 4

4 Schau dir die Ergebnisse genau an. Was fällt dir auf? Schreibe eine weitere Aufgabe dazu.

a)

	H	Z	E
	5	9	1
–	2	5	8

b)

	H	Z	E
	7	4	0
–	4	0	7

c)

	H	Z	E
	6	9	0
–	3	5	7

d)

	H	Z	E
–			

☐ / 5

Du hast ☐ von 17 Punkten erreicht.

Schriftlich subtrahieren mit mehreren Überträgen

Schriftlich subtrahieren: **762** – **394** = ______

Minuend, Subtrahend, Differenz

	H	Z	E
	6	15	12
	~~7~~	~~6~~	~~2~~
–	3	9	4
	3	6	8

Einer

2 – 4 geht nicht.

Ich wechsle 1 **Z** in 10 **E**.
Ich habe 12 **E**, aber nur noch 5 **Z**.

Zehner

5 – 9 geht nicht.

Ich wechsle 1 **H** in 10 **Z**.
Ich habe 15 **Z**, aber nur noch 6 **H**.

Hunderter

6 – 3 = 3

Nun musst du zweimal wechseln!

1 Subtrahiere schriftlich.

a)

	H	Z	E
	8	6	5
–	2	8	7

b)

	H	Z	E
	5	7	6
–	2	9	8

c)

	H	Z	E
	4	9	6
–	2	9	7

d)

	H	Z	E
	5	2	3
–	2	6	8

e)

	H	Z	E
	6	7	5
–	3	9	6

199 255 578 279 278

2 Was stimmt? Kreuze an.

- ☐ Beim schriftlichen Subtrahieren gibt es immer zwei Überträge.
- ☐ Das Ergebnis einer Subtraktionsaufgabe heißt Differenz.
- ☐ Mit der Addition kann ich das Ergebnis der Subtraktion überprüfen.
- ☐ Beim Subtrahieren wird der Unterschied berechnet.

Schriftlich subtrahieren mit mehreren Überträgen

1 Welche Darstellung passt zur Aufgabe? Kreuze an.

926 − 587

☐

	H	Z	E
	8	12	
−			

☐

	H	Z	E
	8	11	16
−			

☐

	H	Z	E
	9	12	16
−			

764 − 599

☐

	H	Z	E
	6	15	14
−			

☐

	H	Z	E
	6	15	10
−			

☐

	H	Z	E
		15	10
−			

832 − 457

☐

	H	Z	E
	7	12	12
−			

☐

	H	Z	E
	7	13	12
−			

☐

	H	Z	E
	7	13	
−			

2 Subtrahiere immer die beiden Zahlen. Kontrolliere mit der Probe.

a) 826 489 b) 388 507 c) 497 604

d) 801 672 e) 348 726 f) 925 578

g) 358 724 h) 572 295 i) 576 814

j) 763 575 k) 149 628 l) 588 711

107 337 119 347 129 378 277 188 366 238 123 479

Schriftlich subtrahieren mit mehreren Überträgen

1 Schreibe stellengerecht und subtrahiere schriftlich.
Kontrolliere mit der Probe.

				−			
a)	745	823	936	−	457	568	389
b)	863	772	924	−	475	596	386

477 388 176 288 368 538 479 177 547 356 366 434 267
449 328 297 255 386

2 Welche Zahlen wurden subtrahiert? Verteile die Ziffernkarten auf die Kästchen. Jede Ziffernkarte darfst du nur einmal verwenden.

a) 3 5 6 7 8 2

	H	Z	E
−			
	3	8	3

b) 4 5 6 8 9 7

	H	Z	E
−			
	3	8	3

3 Wie heißt die Zahl?

Berechne den Unterschied der Zahlen 537 und 900.

Subtrahiere vom Dreifachen der Zahl 200 die Zahl 388.

Von welcher Zahl wird 699 subtrahiert, wenn die Differenz 301 ist?

Halbiere die Differenz der Zahlen 800 und 694.

Schriftlich subtrahieren mit mehreren Überträgen

1 Welche Zahl wurde subtrahiert? Finde für die Zahlen auf den Karten den richtigen Platz.

a)

	H	Z	E
	9	3	6
−			
	7	5	7

Karten: 7, 1, 9

	H	Z	E
	7	6	5
−			
	1	7	9

Karten: 6, 8, 5

	H	Z	E
	7	1	3
−			
	5	4	9

Karten: 6, 4, 1

b)

	H	Z	E
	5	3	2
−			
		7	6

Karten: 6, 5, 4

	H	Z	E
	7	4	3
−			
	1	6	7

Karten: 6, 7, 5

	H	Z	E
	8	4	2
−			
	2	7	5

Karten: 6, 5, 7

c)

	H	Z	E
	4	0	7
−			
	1	6	8

Karten: 9, 2, 3

	H	Z	E
	5	8	6
−			
	1	9	7

Karten: 3, 8, 9

	H	Z	E
	6	0	3
−			
	1	1	8

Karten: 5, 4, 8

576 164 179 485 567 389 586 456 239

2 Bilde passende Aufgaben mit Spiegelzahlen.

a)

	H	Z	E
	6	8	3
−	3	8	6
	2	9	7

b)

	H	Z	E
−			
	2	9	7

c)

	H	Z	E
−			
	2	9	7

3 Löse die Textaufgaben.

a) Subtrahiere von 736 die Zahl 558.

b) Berechne den Unterschied zwischen 814 und 438.

Schriftlich subtrahieren mit mehreren Überträgen

781	
484	297
187	

1 Berechne die fehlenden Zahlen in den Zahlenhäusern.

a)

642	356

485	296

710	294

b)

562	287

625	396

503	419

c)

544	296

721	283

520	386

2 Würfle mit drei Würfeln. Bilde die **größte** und **kleinste** Zahl. Subtrahiere die Zahlen.

	H	Z	E
−			

	H	Z	E
−			

	H	Z	E
−			

	H	Z	E
−			

	H	Z	E
−			

Schriftlich subtrahieren mit mehreren Überträgen

Schriftlich subtrahieren: **800** − **486** = ____

Minuend – Subtrahend – Differenz

	H	Z	E
	7	9 ~~10~~	10
	~~8~~	~~0~~	~~0~~
−	4	8	6
	3	1	4

Einer
0 − 6 geht nicht.

Zehner
0 Z kann ich **nicht** wechseln.

Hunderter
Ich wechsle deshalb 1 **H** in 10 **Z**.
Ich habe 10 **Z**, aber nur noch 7 **H**.
Jetzt wechsle ich 1 Zehner in
10 Einer. Ich behalte 9 **Z**.

Ich rechne jetzt:
Einerstelle: **10 − 6** = 4
Zehnerstelle: **9 − 8** = 1
Hunderterstelle: **7 − 4** = 3

Mit zwei Nullen klappt es auch!

1 Schreibe stellengerecht und subtrahiere schriftlich.

a) 800 − 564 b) 600 − 75 c) 900 − 326 d) 700 − 276 e) 800 − 58

	H	Z	E
−			

2 Schreibe stellengerecht und subtrahiere schriftlich. Kontrolliere mit der Probe.

800	600	500

−

416	397	284

184 203 103 84 384 403 316 216 516

Schriftlich subtrahieren mit mehreren Überträgen

1 Subtrahiere schriftlich. Kontrolliere mit der Probe.

a)

	H	Z	E
	7	0	0
−	5	6	2

Probe

	H	Z	E
+			

b)

	H	Z	E
	9	0	0
−	4	1	8

Probe

	H	Z	E
+			

c)

	H	Z	E
	8	0	0
−	3	3	7

Probe

	H	Z	E
+			

d)

	H	Z	E
	5	0	0
−	2	9	8

Probe

	H	Z	E
+			

463 482 202 138

2 Subtrahiere schriftlich.

p

	H	Z	E
	5	0	0
−	3	6	4

i

	H	Z	E
	8	0	0
−	5	3	9

s

	H	Z	E
	6	0	0
−	4	5	2

u

	H	Z	E
	9	0	0
−	5	1	8

e

	H	Z	E
	7	0	0
−	4	3	6

D

	H	Z	E
	8	0	0
−	6	1	4

t

	H	Z	E
	9	0	0
−	4	5	1

z

	H	Z	E
	6	0	0
−	5	3	3

Lösungswort:

186	382	bist	148	136	261	449	67	264

Schriftlich subtrahieren mit mehreren Überträgen

1 Berechne die fehlenden Zahlen in den Zahlenhäusern.

a)

601	389

810	175

623	287

b)

1000	
517	

1000	
816	

1000	
572	

c)

726	
441	

600	
144	

600	
214	

2 Subtrahiere schriftlich. Schau dir die Ergebnisse genau an.
Was fällt dir auf? Ergänze zwei Aufgaben, die dazu passen.

	H	Z	E
	9	5	7
−	2	4	9

	H	Z	E
	9	1	3
−	1	9	5

	H	Z	E
	9	6	7
−	2	3	9

	H	Z	E
−			

	H	Z	E
−			

4 Welche Aufgaben gehören zu dieser Differenz? Verbinde.

900 − 644

800 − 544

700 − 544

256

400 − 244

1000 − 844

500 − 244

Schriftlich subtrahieren mit mehreren Überträgen

1 Welche Ziffern fehlen? Rechne aus.

a)

	H	Z	E			H	Z	E			H	Z	E			H	Z	E			H	Z	E
	8	?	0			?	?	1			6	3	?			8	?	?			6	0	?
−	?	8	?		−	4	7	?		−	4	8	6		−	4	8	7		−	4	?	5
	1	1	8			2	8	2			?	?	3			?	4	7			?	3	5

b)

	H	Z	E			H	Z	E			H	Z	E			H	Z	E			H	Z	E
	8	2	4			?	?	0			8	0	?			9	?	?			8	6	?
−	?	7	?		−	5	9	?		−	4	?	7		−	5	9	5		−	5	?	7
	3	?	7			2	0	2			?	4	7			?	4	5			?	8	8

2 Schau dir die Ergebnisse genau an. Was fällt dir auf?
Schreibe zwei weitere Aufgaben dazu.

a)

	H	Z	E			H	Z	E			H	Z	E			H	Z	E			H	Z	E
	6	1	5			6	2	5			6	3	5										
−	1	6	6		−	1	7	6		−	1	8	6		−					−			
	4	4	9			4	4	9			4	4	9										

b)

	H	Z	E			H	Z	E			H	Z	E			H	Z	E			H	Z	E
	7	4	1			7	5	1			7	6	1										
−	4	5	9		−	4	6	9		−	4	7	9		−					−			
	2	8	2			2	8	2			2	8	2										

3 Berechne die Differenz.*

	Berlin – Prag	Berlin – Wien	Berlin – Paris	Berlin – Oslo
Luftlinie	286 km	529 km	878 km	849 km
Autobahn	345 km	678 km	1000 km	988 km
Differenz				

* Die realen Entfernungen sind für diese Aufgabe leicht angepasst.

Schriftlich subtrahieren mit mehreren Überträgen

1 Löse die Sachaufgaben.

a) **Der Ausflug**
Die Schüler der dritten Klassen sparen für einen Ausflug in einen Tierpark. Jede Klasse muss 720 Euro sparen. Auf der Wandtafel schreiben sie auf, wie viel Geld sie schon gespart haben. Berechne, wie viel Geld jeder Klasse noch fehlt.

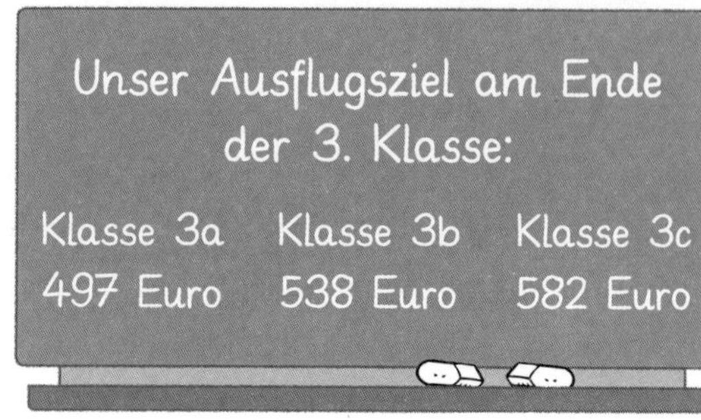

Rechnung:

Antwort: ______________________________

____

b) **Auf dem Flohmarkt**
Tim verkauft sein altes Fahrrad für 175 Euro auf dem Flohmarkt. Der Preis des neuen Mountainbikes wurde noch um 55 Euro reduziert. Wie viel Euro braucht Tim noch, um sich das Mountainbike zu kaufen?

Rechnung:

Antwort: ______________________________

c) **Der Großeinkauf**
Familie Freitag fährt zum Großeinkauf 57 km in die Stadt. Sie bezahlt für den Großeinkauf 379 Euro. Herr Freitag bezahlt mit einem 500-Euro-Schein. Wie viel Geld bleibt übrig, wenn die Familie noch für 100 Euro tanken muss?

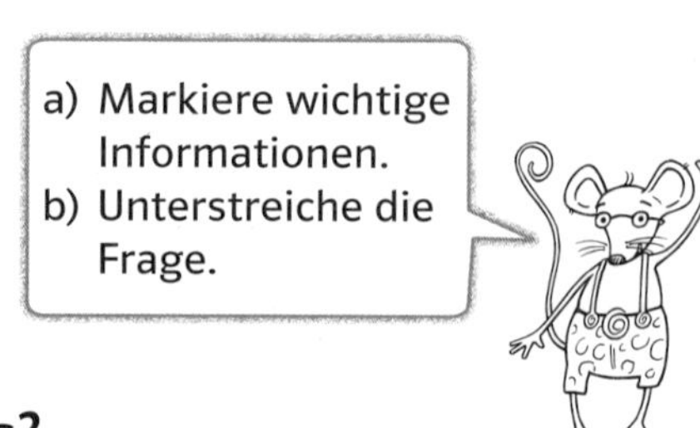

Rechnung:

Antwort: ______________________________

Schriftlich subtrahieren mit mehreren Überträgen

1 Löse die Sachaufgabe.

Die Jacke
Emma kauft eine Jacke, die vor dem Winterschlussverkauf 365 Euro gekostet hat. Jetzt wird sie um 189 Euro herabgesetzt. Wie viel kostet die Jacke noch?

Rechnung:

Antwort: ______________________________

2 Formuliere eine Frage und löse die Sachaufgaben.

a) **Der Sponsorenlauf**
Die Kinder der Grundschule „Apfelweg" haben beim Sponsorenlauf insgesamt 632 Euro eingenommen. Davon wollen sie Sport- und Spielgeräte für den Pausenhof kaufen.

Basketballkorb	1100 Euro
Schaukel	979 Euro
Dreirad	379 Euro

Frage: ______________________________

____

Rechnung:

Antwort: ______________________________

b) **Die Theatervorstellung**
Im Kindertheater gibt es 675 Sitzplätze und 87 Stehplätze. Für die Theatervorstellung am Samstag wurden bereits 487 Sitzplätze verkauft.

Frage: ______________________________

Rechnung:

Antwort: ______________________________

Schriftlich subtrahieren mit mehreren Überträgen

1 Markiere die Fehler. Benutze für die Erklärung die Hinweise auf den Notizzetteln.

Finde 10 Fehler!

500 − 186	400 − 199	800 − 97	500 − 287	800 − 287
900 − 576	600 − 268	700 − 582	600 − 86	700 − 276
800 − 236	500 − 67	600 − 468	800 − 564	900 − 236

	H	Z	E
	4	10	10
	~~5~~	~~0~~	~~0~~
−	1	8	6
	3	2	4

	H	Z	E
	3	9	10
	~~4~~	~~0~~	~~0~~
−	1	9	9
	2	0	1

	H	Z	E
	7	9	10
	~~8~~	~~0~~	~~0~~
−		7	9
	7	2	1

	H	Z	E
	4	9	10
	~~5~~	~~0~~	~~0~~
−	2	8	7
	2	1	3

	H	Z	E
		10	10
	8	~~0~~	~~0~~
−	2	8	7
	6	2	3

	H	Z	E
	8	9	10
	~~9~~	~~0~~	~~0~~
−	5	7	6
	3	2	3

	H	Z	E
	5	9	10
	~~6~~	~~0~~	~~0~~
−	2	6	8
	3	3	2

	H	Z	E
	6	9	10
	~~7~~	~~0~~	~~0~~
−	5	2	8
	1	7	2

	H	Z	E
	5	9	10
	~~6~~	~~0~~	~~0~~
−	8	6	
	3	3	~~0~~

	H	Z	E
	6	9	10
	~~7~~	~~0~~	~~0~~
−	2	7	6
	4	2	4

	H	Z	E
	7	9	10
	8	~~0~~	~~0~~
−	2	3	6
	5	5	4

	H	Z	E
		10	10
	5	~~0~~	~~0~~
−		6	7
	5	4	3

	H	Z	E
	5	9	10
	~~6~~	~~0~~	~~0~~
−	4	6	8
	1	4	2

	H	Z	E
	7	9	10
	~~8~~	~~0~~	~~0~~
−	5	6	4
	2	7	7

	H	Z	E
	8	9	10
	~~9~~	~~0~~	~~0~~
−	2	3	6
	6	6	4

A Richtig gerechnet!

B Rechenfehler

C Zahlendreher

D Stellenwerte nicht beachtet!

E Nicht gewechselt oder Übertrag vergessen!

2 Schreibe die **falsch** gerechneten Aufgaben auf. Subtrahiere schriftlich und kontrolliere mit der Probe.

1 Schreibe stellengerecht und subtrahiere schriftlich.

a) 842 − 564

	H	Z	E
−			

b) 655 − 176

	H	Z	E
−			

c) 916 − 428

	H	Z	E
−			

d) 700 − 376

	H	Z	E
−			

☐ / 4

2 Berechne die Differenz.*

	Hamburg – Prag	**Hamburg – Stockholm**	**Hamburg – Bern**
Autobahn	554 km	925 km	946 km
Luftlinie	495 km	836 km	757 km
Differenz			

☐ / 3

3 Berechne die fehlenden Zahlen in dem Zahlenhaus.

642	356

538	369

☐ / 4

4 Welche Zahl wurde subtrahiert?
Finde für die Zahlen auf den Karten den richtigen Platz.

a)

	H	Z	E
	9	3	6
−			
	4	4	7

Karten: 9, 8, 4

b)

	H	Z	E
	7	6	5
−			
	3	6	9

Karten: 6, 9, 3

☐ / 2

* Die realen Entfernungen sind für diese Aufgabe leicht angepasst.

5 Löse die Sachaufgabe.

Auf dem Flohmarkt
Tim verkauft sein Fahrrad für 149 Euro auf dem Flohmarkt. Wie viel Euro braucht er noch, um sich ein neues Mountainbike zu kaufen?

Rechnung:

Antwort: ______________________________ ☐ / 4

Du hast ☐ von 17 Punkten erreicht.

1 Schreibe stellengerecht und subtrahiere schriftlich.

a) 900 – 574

	H	Z	E
–			

b) 500 – 89

	H	Z	E
–			

c) 700 – 426

	H	Z	E
–			

d) 900 – 675

	H	Z	E
–			

/ 4

2 Welche Ziffern fehlen? Rechne aus.

a)

	H	Z	E
	9	2	4
–	?	7	?
	3	?	7

b)

	H	Z	E
	?	?	0
–	6	9	?
	2	0	2

c)

	H	Z	E
	9	0	?
–	4	?	7
	?	4	7

d)

	H	Z	E
	8	?	?
–	5	9	5
	?	4	5

/ 4

3 Markiere die Fehler. Schreibe auf, welche Fehler gemacht wurden.

a)

	H	Z	E
	5	9	10
	~~6~~	~~0~~	~~0~~
–	2	6	8
	3	4	2

b)

	H	Z	E
	6	9	10
	~~7~~	~~0~~	~~0~~
–	5	2	8
1	1	7	2

c)

	H	Z	E
	5	10	10
	~~6~~	~~0~~	~~0~~
–	8	6	1
	3	4	9

Antwort: Fehler a): ______________________

Fehler b): ______________________

Fehler c): ______________________

/ 6

4 Löse die Textaufgaben.

a) Subtrahiere von 900 die Zahl 558. ______ / 2

b) Berechne den Unterschied zwischen 804 und 438. ______ / 2

5 Welche Zahl wurde subtrahiert?
Finde für die Zahlen auf den Karten den richtigen Platz.

a)

	H	Z	E
	9	0	0
–			
	2	4	7

Karten: 3, 5, 6

b)

	H	Z	E
	7	6	5
–			
	3	6	9

Karten: 6, 9, 3

☐ / 2

6 Löse die Sachaufgabe.

Im Sportverein
Der Sportverein BSV Bernstadt hatte 2017 685 Sportler unter 18 Jahren im Verein. In 2018 waren es 904 Kinder und Jugendliche. Wie viele Sportler waren es 2018 mehr?

a) Markiere wichtige Informationen.
b) Unterstreiche die Frage.

Rechnung:

Antwort: ______________________________ ☐ / 4

Du hast ☐ von 24 Punkten erreicht.

Viel Erfolg!